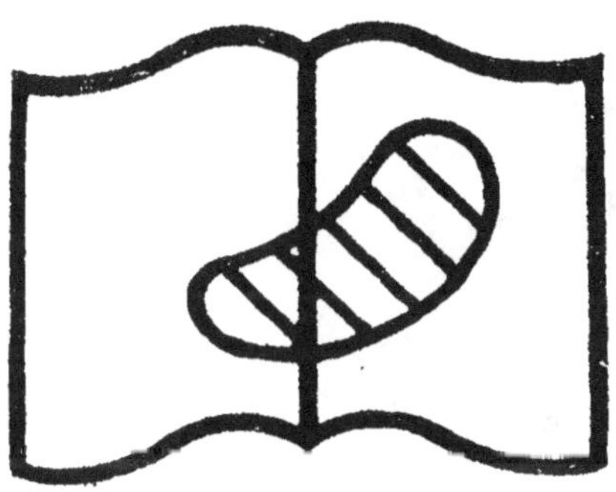

Illisibilité partielle

Contraste insuffisant
NF Z 43-120-14

VALABLE POUR TOUT OU PARTIE DU
DOCUMENT REPRODUIT.

Couvertures supérieure et inférieure
manquantes

MONNAIES INÉDITES

DES CROISADES

MELCHIOR DE VOGÜÉ

EXTRAIT DE LA *REVUE NUMISMATIQUE.*
Nouvelle série, tome IX, 1864.

MONNAIES INÉDITES DES CROISADES

(Pl. XIII et XIV.

Vingt ans ne se sont pas écoulés depuis la publication
de l'excellent livre de M. de Saulcy, et déjà le nombre des
monnaies des princes croisés s'est beaucoup accru : l'atten-
tion des numismatistes s'est portée de ce côté, la terre
d'Orient a été mieux fouillée, chaque année nouvelle a
apporté son contingent de trouvailles, et chaque trouvaille
a fourni, soit une variété intéressante, soit une pièce inédite : il y aura donc lieu, dans un temps peu éloigné, de
donner une seconde édition, « considérablement augmen-
tée, » de la *Numismatique des croisades.* Néanmoins, le
jour n'est pas encore venu : d'importantes lacunes existent
encore, les découvertes se succèdent rapidement; il con-
vient donc d'attendre que les principales séries soient plus
complètes : pour hâter ce moment et provoquer la publication des pièces inconnues qui se trouvent entre les mains
des collectionneurs, je donne aujourd'hui la liste de tous
les types inédits que mon dernier voyage en Orient m'a
permis de recueillir.

ROIS DE JÉRUSALEM ET DE CHYPRE.

La série qui s'est le plus enrichie est celle des rois de
Jérusalem et de Chypre : c'est aussi la plus intéressante,

1

puisqu'elle appartient aux célèbres dynasties, françaises d'origine, dans lesquelles se personnifie et se résume toute l'histoire des croisades. Pourtant les premiers souverains ne se sont pas retrouvés : le plus ancien document métallique que j'aie rencontré est un sceau ou bulle de plomb du roi Amaury Ier, qu'à défaut d'autre nouveauté numismatique je demande la permission de reproduire.

AMAURY Ier (1162-1173).

+ AMALRICVS DEI GRACIA REX IERVSALEM. Roi assis sur un trône, vêtu d'une dalmatique jetée par-dessus une longue robe, tenant de la main droite un long sceptre surmonté d'une croix, et de la gauche un globe crucigère. La couronne est effacée.

ᴙ CIVITAS REGIS REGVM OMNIVM. Jérusalem représentée par une porte de ville au-dessus de laquelle on voit les trois principaux monuments de la cité sainte : le *Saint-Sépulcre*, la *Tour David* et le *Temple*. (Pl. XIII, n° 1.)

Le Saint-Sépulcre et le Temple sont représentés comme sur les monnaies, le premier par le toit ouvert de la célèbre rotonde, le second par la coupole de la mosquée d'Omar. La Tour David, ouvrage du moyen âge bâti sur les restes antiques de la Tour Phasaël, est couronnée par deux petites guettes : deux pennons, arborés au sommet, portent la croix : c'est la première fois, je crois, que sur un monument contemporain des croisades on rencontre la figure des « étendards de la croix. » L'identification de cet édifice avec la « Tour David » est démontrée par la petite pièce de cuivre (Saulcy, *Num. des crois.*, IX, 1) sur laquelle il est accompagné de son nom : en voici une variété inédite :

T.V.R.R.I.S. La Tour David, surmontée de deux petites guettes comme sur le sceau d'Amaury.

℞) ✠ D.A.V.I.T. Étoile. (Pl. XIII, n° 2.)

M. de Saulcy place l'émission de cette monnaie dans les dernières années du xiiᵉ siècle, et rien jusqu'à présent n'est venu modifier cette opinion. L'orthographe du mot *Davit* est tout à fait française, et témoigne, une fois de plus, de la prédominance de l'esprit français dans tout ce qui se rapporte aux croisades.

Les deux monuments qui, sur le sceau, accostent la « Tour David, » sont le Saint-Sépulcre et le Temple ; il ne peut y avoir de doute à cet égard. J'ai déjà démontré dans cette *Revue* (1856, p. 127) que le premier était toujours représenté par un petit édifice couronné par un tronc de cône, et le second par une coupole : pour la plupart des soldats de la croix, le *Qoubbet es Sakhrah* (mosquée d'Omar) était le temple même des Juifs ; c'est pourquoi on l'avait transformé en église : une croix dorée avait remplacé le croissant au sommet de la coupole, et fut renversée par Saladin en 1187 [1] : cette croix figure sur le sceau d'Amaury Iᵉʳ.

Le type avec la légende CIVITAS REGIS REGVM OMNIVM paraît avoir été commun à tous les rois de Jérusalem, même aux souverains nominaux qui ne furent pas en même temps rois de Chypre. Le P. Seb. Paoli a grossièrement dessiné un sceau tout semblable de Baudouin III, appendu à une charte de 1150, un autre d'Amaury Iᵉʳ de 1169 [2]. Les archives de Marseille en renferment de Baudouin IV, de Guy de Lusignan et de Jean de Brienne [3], la forme des

[1] Ibn-al-Athyr. Voyez notre *Temple de Jérusalem*, p. 78.

[2] *Codice Diplomatico dell. ord. Hierosol.*, pl. II, 17, et III, 26.

[3] Les empreintes m'on. été communiquées par l'obligeant intermédiaire du

lettres, le style de la gravure distinguent facilement, de
ces sceaux plus modernes, celui dont je donne la figure, et
empêchent qu'on ne l'attribue à Amaury II; mais les sujets
représentés sont identiques, la seule petite différence est
dans la forme altérée des guettes, et l'absence des pennons
au sommet de la « Tour David. »

On trouve en assez grand nombre à Jérusalem des deniers d'argent et de billon, avec la légende AMALRICVS
REX. DE IERVSALEM et le type du Saint-Sépulcre (Saulcy,
pl. IX, 6, 7) : M. de Saulcy les attribue au roi titulaire
Amaury II, souverain de Chypre : il est vrai que dans le
même ouvrage (p. 99) M. de Rozière repousse cette attribution à cause de l'absence du nom de Chypre sur les monnaies : M. de Saulcy appuie son opinion sur la ressemblance
du type avec celui de la grande pièce de Jean de Brienne :
mais nous venons de voir par les sceaux que les mêmes
types peuvent avoir été en usage pendant longtemps, et
que la figure du Saint-Sépulcre avait déjà reçu sa forme
conventionnelle à l'époque de Baudouin III : rien ne s'op-
pose donc à ce que les deniers en question soient restitués
à Amaury Ier. Il me paraît plus simple d'admettre cette
attribution que de supposer que ces pièces aient été frappées par Amaury II, roi de Chypre, depuis son avénement
honoraire au trône de Jérusalem, et pour l'usage seulement
de ce royaume. On s'expliquerait difficilement que dans un
même règne toutes les pièces au nom du roi de Chypre
aient disparu, et que celles au nom du roi de Jérusalem
aient été conservées en grand nombre : j'ajouterai que
parmi les deniers il en est beaucoup d'argent pur et bien

M. Laugier. Voyez le sceau de Gui de Lusignan appendu à un acte de 1190,
dans l'*Iconogr. des sceaux et bulles des Archiv. des Bouches-du-Rhône*, par L.
Blancard, p. 111, Ire édit., pl. 84 *bis*, n° 2 ; et IIe édit., pl. 61, n° 3.

monnayé, tandis que les deniers d'Amaury II comme ceux
de son frère et prédécesseur Guy, frappés à une époque
de grande pénurie, devaient être de cuivre presque pur.

Baudouin IV (1173-1185).

Aux deniers connus de ce roi (Saulcy, IX, 2, 3) j'ajouterai la maille d'argent de même type.

1. ·.· BALDVINVS RE. Croix pattée.

℞ + DE IERVSALEM. Tour David. (Pl. XIII, n° 3.)

On remarquera dans les légendes de cette monnaie les
petits annelets qui décorent le B, les A et les D.

Gui de Lusignan (1185-1192).

Comme roi de Jérusalem, on ne connaît encore de lui
que les mauvais deniers de cuivre décrits par M. de Saulcy
(IX, 4, 5).

2. + REX GVIDO D. Tête de face.

℞ + E. IERVSALEM. La coupole du « Temple. »

La numismatique des derniers rois titulaires de Jérusalem, Conrad de Montferrat, Henri de Champagne, Amaury II,
Jean de Brienne, ne s'est enrichie d'aucune nouvelle pièce,
si ce n'est le denier au nom de Jean frappé à Damiette en
1219 [1]. Mais j'ai recueilli de nouveaux exemplaires de
toutes les monnaies publiées par M. de Saulcy : j'ai aussi
retrouvé les pièces frappées par Gui de Lusignan comme
roi de Chypre (1192-1194).

3. + REX GVIDO. Étoile.

℞ + DE CIPRO. Croix pattée cantonnée de quatre be-

---

[1] Publié par M. A. de Barthélemy, *Revue num.*, 1859, t. IV, p. 371.

sants. Un point secret entre le P et l'I. Billon de très-bas titre; presque cuivre pur. (Pl. XIII, n° 4.)

4. + REX GVIDO. Croix cantonnée de deux besants et de deux croissants.

℞ + DE CIPRO. Sorte de châtel semblable à celui du n° 8 de notre planche, avec une étoile dans le centre. Point secret comme dans la pièce précédente.

L'île de Chypre n'ayant pas encore été érigée en royaume, Gui ne pouvait se dire « roi de Chypre; » mais comme souverain nominal de Jérusalem, il avait le titre royal : les chroniqueurs l'appellent *Rex Guido, Dominus Cipri* : les monnaies, on le voit, ne font pas la même distinction.

Amaury II (1194-1205).

Les monnaies frappées à Chypre par le frère et successeur de Gui de Lusignan n'ont pas été retrouvées : j'ai déjà, comme on l'a vu plus haut, proposé d'enlever à ce souverain et de restituer à Amaury I⁰ʳ les pièces frappées à Jérusalem au type du Saint-Sépulcre.

Hugues Iᵉʳ (1205-1218).

5. .HVGO REX. CVPRI. Le roi debout en empereur byzantin, le manteau relevé sur le bras gauche, tenant de la main droite un long sceptre crucigère, et de la main gauche un globe surmonté d'une croix byzantine à double traverse.

℞ IC. XC. Le Christ assis, avec le nimbe crucifère bénissant à la manière byzantine. Or très-pâle. (Pl. XIII, n° 5.)

6. HVGO... CYPRI. Mêmes types que la pièce précédente : la croix du globe n'a qu'une seule traverse.

ŋ̀ Même revers. (Pl. XIII, n° 6.)

Ces deux pièces sont des variétés du *nummus scyphatus* déjà connu, frappé à l'imitation des monnaies d'or de Constantinople, mais avec un alliage dans lequel l'or entre pour une quantité à peine appréciable.

7. + HVGO REX. Croix cantonnée de deux croissants, d'un fer de lance et d'une étoile, dans un cercle de grènetis.

ŋ̀ + : CYPRI. Châtel. Billon. (Pl. XIII, n° 7.)

8. Variété du denier précédent : la croix est cantonnée de deux croissants et de deux annelets. (Pl. XIII, n° 8.)

Ces deux deniers sont frappés dans le système français : on voit donc qu'il n'y a aucune comparaison à établir entre les espèces d'argent et celles d'or : les unes sont faites à l'imitation des monnaies indigènes, les autres suivant le système des conquérants : cette observation est générale et s'applique à tous les établissements d'outremer: il existe même, suivant M. Lavoix, des pièces d'or frappées par les premiers rois de Jérusalem à l'imitation des dinars arabes. Nous verrons, par la suite de ce travail, que cette distinction s'est maintenue pendant longtemps; je suis même persuadé que les pièces d'or des derniers Lusignan, si elles se retrouvent, offriront des types byzantins, tandis que le monnayage d'argent suit les variations du monnayage occidental : c'est ainsi que l'on voit les sequins de Rhodes, de Venise, de l'ordre de Malte, les ducats de Hollande, etc., conserver jusqu'à une époque rapprochée de nous, des types très-archaïques. Le monnayage de cuivre proprement dit, dans les établissements croisés, a subi la même loi : les pièces frappées par les comtes d'Édesse et d'Antioche sont byzantines : je ne comprends pas dans cette catégorie les deniers latins de Gui, d'Amaury, les deniers de Tripoli, de Sidon et tant d'autres, quoique faits de cuivre presque pur : ces pièces sont en billon de mauvais aloi, émises pour de l'argent, malgré l'absence presque complète du métal précieux.

HENRI Ier (1218-1253).

9. HENRICVS REX CYPRI. Le roi debout en empereur byzantin.

℞ IC-XC. Le Christ bénissant. Or pâle. Concave.

10. HENRICI (*sic*) REX CYPRI. Variété du précédent.

℞ Même revers. Or pâle. (Pl. XIII, n° 9.) Dans le champ, trois points comme sur les pièces de Hugues Ier ; la croix qui surmonte le globe est tantôt à une, tantôt à deux traverses.

Je n'ai rien à ajouter aux pièces d'argent recueillies par M. de Rozière (Saulcy, *Numismatique des croisades*, pl. X), si ce n'est quelque variété sans importance : les types des deniers et des doubles deniers sont latins : les premiers sont presque identiques à ceux de Hugues Ier, les seconds rappellent les pièces de la république de Gênes, avec la légende HENRICVS REX.

Henri I n'était âgé que de quelques mois lorsqu'il monta sur le trône. Pendant sa longue minorité, la régence fut exercée par la reine mère Alix, assistée de ses deux oncles, Philippe et Jean d'Ibelin : il est probable que selon la coutume chypriote, il y eut des monnaies frappées au nom des régents ; elles se retrouveront quelque jour.

HUGUES II (1253-1267).

Mort en bas âge, il n'exerça jamais en son nom la sou-

veraineté royale : ses monnaies, si elles se retrouvent,
devront porter le nom de la reine Plaisance d'Antioche,
régente jusqu'en 1261, ou celui d'Hugues d'Antioche, qui
lui succéda dans cette fonction. Avec Hugues II s'éteignit
la branche directe des Lusignan.

HUGUES III (1267-1284).

Cousin-germain du feu roi par sa mère, qui était fille
d'Hugues Ier, et régent du royaume, Hugues d'Antioche
monta sur le trône : il prit les nom et armes de Lusignan.

M. de Rozière attribue à ce prince les monnaies d'or
concaves à la légende H:REI:D.... MED'HIP (Saulcy, X, 8,
9), mais je ne puis partager son avis, par la raison que
la légende est en français comme celle des monnaies de
Henri II et de ses successeurs immédiats. Or la langue des
monnaies paraît avoir suivi une loi déterminée : latine au
début, puis française, elle redevient latine sous les derniers Lusignan. La pièce inédite de Jean Ier, qui suit, étant
latine, je pense que celles de Hugues III devaient être
dans le même cas.

JEAN Ier (1284-1285).

11. IOh' REXIRLM E CYPR. Le roi debout vêtu d'une
longue robe brodée de pierreries, avec un manteau royal
bordé de perles agrafé sur l'épaule droite et relevé sur le
bras gauche, dans la main droite un sceptre dont on ne
voit que la croix, dans la gauche le globe crucigère : la
couronne est à trois fleurons fleurdelisés. Dans le champ,
une étoile.

ꝶ IC-XC. Le Christ bénissant. Or pâle. Concave. (Pl. XIII, n° 10.)

Les types de cette rare monnaie, quoique byzantins comme ceux des monnaies d'or précédentes, sont plus latinisés : la couronne du roi est française, l'ajustement de son manteau moins archaïque, les traits plus réguliers. Je ne connais pas de monnaies d'argent de ce prince, qui n'a régné qu'une année.

HENRI II (1285-1324).

12. h RЄI DIHR ЄD' hIP. Le roi debout, etc. Dans le champ, une croix pattée. Or blanc. Concave. .

ꝶ IC-XC. Le Christ bénissant. (Pl. XIV, n° 1.)

13. h RЄI D' IRL'M ЄDhIP. Mêmes types. (Pl. XIV, n° 2.)

M. de Rozière a publié deux pièces semblables (Saulcy, X, 8, 9), avec cette seule différence que les trois premiers mots de la légende sont séparés par des points, et que la marque monétaire, au lieu d'être une croix, est une rosace.

Le roi de ces monnaies n'étant désigné que par son initiale, il y a incertitude entre Hugues III, Henri II et Hugues IV. J'ai écarté le premier à cause de la langue de la légende et de la grande ressemblance qui existe entre la tête du personnage et celle des rois Henri II et Hugues IV sur les pièces d'argent : l'ajustement des cheveux, la forme de la couronne sont les mêmes. Les couronnes des rois antérieurs à Jean Iᵉʳ sont bien différentes : nos dessins sont là pour le prouver : on ne peut comparer les fig. 2 et 3 de notre planche sans être frappé de l'air de famille des deux têtes. La difficulté commence lorsqu'il faut choisir entre les deux derniers rois, dont les espèces d'argent sont identiques, au nom propre près, et dont les espèces d'or ont, par conséquent, pu être semblables entre elles. Je pense, en effet, que les scyphates à l'initiale H appartiennent aux deux règnes, de même que les gros tournois au nom de Philippe appartiennent indistinctement, au premier coup d'œil, à Philippe le Hardi, Philippe le Bel ou Philippe le Long. Pour classer les uns et les autres, il faut avoir recours aux petits détails; ici le titre des espèces ne peut servir d'indication, les monnaies étant toutes également falsifiées, et l'or n'entrant que pour mémoire dans leur composition; les marques monétaires pourront servir de guide : ce sont elles qui m'ont conduit à attribuer à Henri II les quatre pièces décrites plus haut. En effet, la croix pattée et la rosace que j'y ai signalées se retrouvent également sur deux des besants d'Henri II, reproduits dans les planches de M. de Saulcy (*Num. des croisades*, X, 10, 12).

Les monnaies d'argent de Henri II sont très-connues : ce sont des besants et des demi-besants frappés à l'imitation des *carlins* ou des *lis d'argent* des princes de la maison d'Anjou, comtes de Provence et rois de Naples. On sait que les pièces provençales, en faveur sur toutes les côtes de la Méditerranée, furent très-imitées, non-seulement en France, comme par un évêque de Valence et de Die et par un comte de Valentinois, les princes d'Orange, les dauphins de Viennois, etc., mais encore en Orient par les rois de Chypre, les grands-maîtres de Rhodes, et jusque par un prince seldjoukide d'Asie Mineure, Saroukhan, émir de Magnésie [1]. Sans doute le *carlino* de Charles II a pu servir de modèle

---

[1] A. de Longpérier, *Revue num.*, 1860, t. V, p. 59, et 1858, t. IV, p. 213.— Voy. les remarques de M. Dominique Promis, *Revue num.*, 1836, p. 272.

à quelques monnaies des princes de la Méditerranée; mais c'est surtout, je le crois, le grande abondance des *gigliati* de Robert qui a propagé le type de la figure assise. Cette circonstance placerait après l'année 1309, date de l'avénement de Robert, les différentes émissions de besants au nom d'Henri II : elles se rapportent donc à la seconde partie du règne de ce monarque. On sait que pendant six ans (1304-1310) le pouvoir royal fut usurpé par Amaury, prince de Tyr, frère du roi, qui régna avec le titre de *gouverneur*. Pendant toute cette période, la monnaie fut frappée au nom de l'usurpateur et dans un système différent. Voici une de ces pièces, que j'ai trouvée dans l'île de Chypre.

14. Lég. ext. : AMAL.TIRENSIS.DOMJNVS. (*Amalricus Tirensis dominus.*) — Lég. int. : GVB'NATO' E' RE'TOR CIPRI (*Gubernator et rector Cipri*). Lion rampant.

℞ + IRLM.ET.CIPRI.REGIS.FILIVS. Écu parti de Jérusalem et de Lusignan, c'est-à-dire d'une part : à la croix potencée cantonnée de quatre croisettes, et d'aut*e part burelé de six pièces au lion rampant brochant sur le tout.

Cette pièce est imitée du gros tournois; de même les monnaies d'argent de Foulques de Villaret frappées à Rhodes (1310-1319) sont des *gros*[1]. A cette époque les *carlins* n'avaient pas encore pénétré en Orient : les pièces de Henri II, antérieures à l'usurpation d'Amaury, doivent donc aussi être frappées dans le même système.

Le gros d'Amaury est très-intéressant : l'usurpateur n'osant prendre le titre royal, mais pourtant désirant prouver une sorte de légitimité, rappelle sa qualité de fils du roi de Jérusalem et de Chypre, c'est-à-dire de Hugues III :

---

[1] *Revue num.*, 1859, t. IV, p. 212.

en même temps il frappe aux armes royales que son père, quoique descendant indirect des Lusignan, avait adoptées. La pièce du même personnage publiée dans la *Numismatique des croisades* est un peu différente; M. de Rozière a cru y lire le nom d'Henri; mais il n'avait entre les mains qu'une empreinte défectueuse d'un exemplaire mal conservé. Je n'ai pas vu l'original, mais je crois qu'il contient, comme le gros, la légende REGIS.IRLM E.CIPRI FILIVS : je lis le mot FILIVS, même sur le dessin de M. Cartier (Saulcy, *Num. des crois.*, pl. XI, 1). Quant à la rare monnaie que je publie, elle est à fleur de coin et la lecture est indubitable.

Henri II, remonté sur le trône en 1310, frappa les besants et demi-besants aujourd'hui si communs qui représentent d'un côté le roi assis sur un siége sans dossier, et de l'autre la croix de Jérusalem.

Voici des monnaies du même prince, beaucoup plus rares :

15. HENRI REI DE. Roi assis sur un trône à haut dossier, avec la couronne et le sceptre fleurdelisés et le globe crucigère.

℞ + IERVSAL'M ED'ChIPR. Lion rampant des Lusignan. Dans le champ, trois points. Argent. Besant. (Pl. XIV, n° 3.)

16. Mêmes types. Demi-besant.

17. + HENRI:REI:DE. Croix.

℞ + IRL'ൕ ED'ChIPR'. Lion rampant. Denier de billon. (Pl. XIV, n° 4.)

HUGUES IV (1324 — 1358).

Les monnaies d'or de ce roi, je l'ai déjà dit, devaient être pareilles à celles de son oncle et prédécesseur. Quant aux nombreuses monnaies d'argent frappées pendant ce règne ong et relativement prospère, elles sont absolument semblables, au nom près, à celles de Henri II. Le besant au lion est le seul qui n'ait pas été retrouvé ; mais j'ai recueilli et je publie (pl. XIV, n° 5) le denier au lion pareil à celui de Henri II.

18. + hVGVE:REI:DE. Croix.

℞ IRL'M:ED'ChIPR. Lion rampant. Billon.

Quant aux besants et demi-besants à la croix de Jérusalem, ils sont trop connus pour que j'aie à m'en occuper ici.

PIERRE I (1358-1369).

Ce règne, le plus glorieux de toute la dynastie des Lusignan, n'est représenté que par deux espèces de monnaies, les besants et demi-besants aux types ordinaires (Saulcy, XI, *Revue num.*, 1860, t. V, p. 373). La fabrique est un peu différente de celle des monnaies précédentes ; le roi porte tantôt un sceptre, tantôt une épée ; à côté de lui se trouve son écu chargé d'un lion rampant ; la légende, comprise entre deux grènetis, est en caractères plus modernes. Cette légende, sauf quelques variantes d'orthographe, est toujours en français et ainsi conçue :

19. + PIERE PAR LA GRACE DE DIE REI.

℞ +DE IERVSALEM E DE ChIPRE.

PIERRE II (1369-1382).

Jusqu'à présent on classait indistinctement aux deux Pierre les pièces à légende française que j'attribue toutes au roi précédent ; je propose de donner à Pierre II un besant de ma collection dont la légende est latine :

20. + PETRVS:DEI:GRA:REX. Le roi assis, tenant

l'épée d'une main et le globe crucigère de l'autre; à sa gauche, son écu.

ɴ̶ ✝ IЄRVSALЄM:Є ChIPRI. Croix de Jérusalem. Argent. (Pl. XIV, n° 6.)

JACQUES Iᵉʳ (1382 - 1398).

Je ne connais pas de monnaies de ce prince.

JANUS (1398 - 1432),

M. de Rozière a relevé l'erreur de plusieurs historiens qui ont confondu le nom de *Janus* avec celui de *Jean;* il a montré que le nom de Janus avait été donné au fils de Jacques Iᵉʳ parce qu'il était né pendant la captivité de son père à Gênes : cette opinion est confirmée par les médailles.

21. ✝ IANVS PAR ..... DЄ DIЄV. Roi assis, tenant le sceptre et le globe; à côté du trône, à gauche, écu écartelé de Jérusalem et de Lusignan.

ɴ̶ ...I D IЄRVSALЄM DChIPR Є..... Croix de Jérusalem. Besant.

Le type de cette pièce est celui des besants des deux Pierre : la légende du revers renfermait à la fin le titre de *roi d'Arménie* qui appartenait aux rois de Chypre depuis 1393. Aussi c'est à tort que M. de Rozière a attribué à Janus la pièce figurée pl. XII, 1 (*Numism. des crois.,* de M. de Saulcy), qui omet le titre de roi d'Arménie, et dont le type est absolument celui des monnaies de Jean II.

JEAN II (1432-1458).

Les pièces de ce roi font exception à la loi de continuité des types : elles sont frappées à l'imitation des premiers besants de Chypre. M. de Mas-Latrie a expliqué cette anomalie en disant que les Génois exigeaient le payement du tribut qui leur était dû en anciennes espèces, et que pour les tromper on avait copié les monnaies de Hugues IV et d'Henri II. Cette ingénieuse explication est confirmée par les pièces trouvées depuis qu'elle a été proposée ; presque toutes sont faites à l'imitation des besants de Henri II ; pour que la ressemblance fût plus complète on a été jusqu'à supprimer le titre de roi d'Arménie ; sans la forme des lettres et la langue des légendes on serait tenté de les attribuer à Jean Iᵉʳ ; mais de ce côté la confusion n'est pas possible ; les légendes sont en caractères gothiques allongés, et même en capitale romaine de la fin du xvᵉ siècle. Quant à la langue, tandis que sur les monnaies antérieures on ne voit qu'un seul idiome par règne, soit le latin, soit le roman, soit le français, ici on rencontre les trois dialectes simultanément employés.

22. IOAN:RЄX:D:. Type des besants ordinaires de Henri II. Dans le champ, un objet indéterminé.

℞ + IЄRVSAL'M:ЄÎD:ChIPRЄ. Croix de Jérusalem. Argent. (Pl. XIV, nᵒ 7.)

23. Mêmes types. IOHANЄS:DЄI GRA.

℞ + HIRLM:ЄT:CIPRI RЄX. en lettres romaines.

24. Mêmes types. IЄhAN ROI.

℞ + IЄRVSALЄM D'hIPRЄ.

25. Mêmes types. IЄhAN RЄID.

℞ + IЄRVSALЄM ЄD ChIPR.

26. Mêmes types. IAN R...

℞ PAR LA GRACЄ DЄ DIЄ. Demi-besant, variété de la pièce reproduite dans l'ouvrage de M. de Saulcy (XII, 1) et qui porte réellement IHN PA+R LA GRACЄ DЄ DIЄ ROI.

La pièce suivante se rapproche plus des pièces du temps, c'est-à-dire des monnaies de Janus.

27. + IЄҺAN.PAR.LA.GRACЄ.DЄ.DIЄV. Le roi assis avec le sceptre et le globe ; à gauche du trône, l'écu chargé du lion rampant.

℞ +DЄ IЄRVSALЄM.Є DЄ ChIPRЄ. Croix de Jérusalem. Besant.

Louis de Savoie (1458-1463).

Ce prince, devenu roi de Chypre par son mariage avec Charlotte, fille de Jean II, reprit le type complet des Pierre et des Janus, c'est-à-dire le roi sur un trône à dossier avec l'écu des Lusignan, et la légende entre deux grènetis : la langue latine est la seule qu'il ait employée.

28. + LVDOV.......GRACIA.RЄX. Type décrit.

℞ + IЄRVSALЄM CIPRI ЄT ARMЄNIЄ. Argent (Pl. XIV, n° 8.)

M. A. de Barthélemy a publié dans cette *Revue*[1] deux pièces de Louis de Savoie sans écu : ces pièces grossièrement frappées appartiennent sans doute à l'époque des luttes malheureuses soutenues par le roi contre son beau-frère naturel Jacques, qui devait lui succéder.

Jacques II (1460-1473).

On recueille en grande quantité dans l'île de Chypre les pièces de cuivre frappées par Jacques II « avec les chaudrons d'airain qui estoient aux baings publics. » Les

---

[1] Tome VII, p. 369. — Dans ce travail, très-bon d'ailleurs, notre savant collaborateur émet sur la langue des légendes et la présence de l'écu quelques assertions qu'il n'aurait pas maintenues s'il avait pu connaître les pièces que nous publions aujourd'hui.

2

planches de M. de Saulcy en reproduisent un certain nombre; d'autres variétés, sans grande importance, ne méritent pas d'être décrites. Mais on a trouvé en outre de fort belles pièces d'argent émises sous l'influence italienne qui chaque jour grandissait dans le royaume, et s'augmenta encore par le mariage du roi avec la vénitienne Catherine Cornaro.

29. :IA:COBO:DEI:G:. Le roi à cheval; à droite, couronné, l'épée à la main. Sous la tête du cheval, R.

℞ +:R:IERVSALEM:CIPRI:ET:A: (Armeniæ). Croix de Jérusalem couverte de stries parallèles. (Pl. XIV, n° 9.)

30. Même type. IACOB.DEI.GRA.

℞ R.IERVS.CIPRI.ET.ARM...

31. IACOB DEI.G.R. Tête du roi de profil, à gauche, couronnée.

℞ + R.IERVS.CIPRI.ET.ARMIA. Croix de Jérusalem.

Ces pièces sont imitées des monnaies frappées à Naples par les rois aragonais[1]. La dernière ressemble beaucoup au *coronato* de Ferdinand 1er (1458-1494). On sait que l'usage de placer des effigies sur la monnaie n'a jamais cessé complétement d'exister pendant le moyen âge. Après les carlovingiens, les souverains d'Allemagne, d'Angleterre, d'Espagne, de Naples se sont fait représenter sur leurs monnaies, chacun d'une manière particulière. Quant au *testone*, par exemple, adopté par Jean Galéaz Visconti, duc de Milan en Italie, et comte de Vertus en France (1395-1402)[2], il passa à son arrière-petit-fils, Louis d'Orléans,

---

[1] Vergara, *Monete del regno di Napoli*, édit. de 1715, tab. XXIII, p. 71. — Mader, *Kritische Beyträge für Münzk.*, t. V, pl. 4.

[2] A. de Longpérier, *Revue num.*, 1859, t. IV, p. 391.

alors seigneur d'Asti (1465), qui l'importa en France lorsqu'il monta sur le trône sous le nom de Louis XII.

Mais c'est au *coronato* de Naples qui avait succédé au
gigliato ou *lys d'argent*, qu'il faut comparer la monnaie n° 31,
tandis que le type du roi à cheval, paraît emprunté au
cavallotto de l'Italie septentrionale. La croix *ombrée* du revers de toutes ces pièces apparaît pour la première fois sur
des monnaies de Ferdinand de Naples. On voit par tout ce
qui précède que la numismatique chypriote suit avec une
grande fidélité les variations de la numismatique occidentale.

CATHERINE CORNARO ET JACQUES III (1473-1475).

M. de Mas-Latrie avait attribué à la régence de Catherine
une pièce de cuivre (Saulcy, XII, 15) que M. de Rozière a
justement restituée à Jacques II : mais voici un écu d'argent qui appartient incontestablement à la régente et dont
j'ai rencontré en Chypre plusieurs exemplaires :

32. CAT.D G.R.... Écu écartelé de Jérusalem et de Lusignan.

℞ IACOB⁹.D.G.......A.I'. Croix de Jérusalem.

Cette pièce a été nécessairement émise pendant les deux
années de la vie éphémère de Jacques III. Catherine régna
encore après la mort de son fils jusqu'en 1489 : on n'a,
de cette période, qu'une seule monnaie publiée par M. de
Kœhne à Saint-Pétersbourg [1] ; c'est un besant blanc dont
voici la description :

---

[1] *Mémoires de la Soc. d'archéol. de Saint-Pétersbourg*, 1851, t. V, pl. XIII,
n° 9. Dans le même article, le savant numismatiste a publié un scyphate
d'or de Hugues I⁰ʳ et un denier d'Henri II pareils à ceux que nous avons

Catherine seule (1475-1489).

33. ✠ CATERINA VENETA REGIAN. Reine assise de face, tenant un sceptre de la main droite et soutenant de la gauche, un globe crucigère; dans le champ, P.

℞ ✠ IERVSALEM CIPRI ET ARMENI E. Croix de Jérusalem. Argent. (Pl. XV, n° 1.)

Cette rare pièce est la dernière imitation orientale des *Gigliati* de Provence et de Naples [1].

donnés pl. XIII, n° 5, et pl. XIV, n° 4. — Un denier de Guy de Lusignan a aussi été publié par M. J. E. Fitzgerald dans le *Numismatic Chronicle*, VIII, p. 197; mais il présente quelques différences avec celui que nous avons donné plus haut (pl. XIII, n° 4): en voici la description:

✠ REX GWIDO. Étoile à six rais avec des points entre les rais.

℞ ✠ DE CVPRO. Croix cantonnée d'un besant, de deux croissants et d'un fer de lance.

[1] Les espèces d'argent de Chypre furent imitées à leur tour. Ainsi les rois Roupéniens de la Petite Arménie que tant de liens unissaient aux princes croisés frappèrent des pièces d'argent et même de cuivre à l'imitation des besants de Lusignan. D'un côté, elles représentent le roi assis de face; de l'autre, une croix cantonnée d'objets divers qui rappelle la croix de Jérusalem. Voyez les planches de M. V. Langlois, *Numismatique de l'Arménie*. Il m'est impossible d'accueillir sans réserves les attributions de l'auteur de ce livre. Nous avons vu plus haut que les plus anciens besants de Chypre imités des *carlins* et des *lis* dataient de Henri II (1285-1324), et très-probablement de l'an 1310, comment croire que ces pièces aient été imitées par les rois arméniens Léon II, Héthum I, Léon III, qui régnaient de 1185 à 1289? « Les *gillahs* de Sicile, dit M. Blaucard (*Revue num.*, 1864, p. 304), n'ont paru que dans les dernières années de Charles II, » au XIV° siècle par conséquent.

Domination vénitienne (1489-1571).

Maîtresse du royaume de Chypre à la suite de la cession
consentie par Catherine Cornaro, la République de Venise
battit monnaie au nom des doges . On trouve aujourd'hui
dans l'île un grand nombre de deniers et d'oboles, imita-
tions évidentes des monnaies analogues des anciens rois :
le lion nimbé de Saint-Marc a remplacé le lion rampant de
Lusignan, la croix de Jérusalem s'est transformée en une
croix cantonnée d'olives, mais au premier aspect il n'y a
rien de changé. J'ai rapporté un certain nombre de ces
pièces au nom des doges : Marc-Antoine Trevisani (1553),
François Venerio (1554), Laurent Prioli (1556), Jérôme
Prioli (1559), Pierre Loredano (1567).

Elles sont toutes pareilles, au nom près : je me contenterai donc de donner la figure d'une obole de Marc-Antoine
Trevisani et d'un denier de Pierre Loredano.

34. + S.MARCVS.VENETVS. Lion rampant nimbé.

℞ + M.ANT.TRIVISA.DVX. Croix cantonnée d'olives.
Obole. (Pl. XV, n° 2.)

35. + SANCTVS MARCVS VENET. Lion nimbé rampant.

℞ + PETRVS.LAVREDA.DVX. Croix cantonnée de fu-
seaux. (Pl. XV, n° 3.)

La République fit en outre frapper dans les dernières
années de son occupation, des monnaies de nécessité en
cuivre qui avaient le module et le nom des anciens *besants*,
mais qui n'en avaient plus la valeur : ces pièces ont été
décrites avec soin par M. Lazari : les dernières sont de
l'année 1570. Quelques mois après (15 juin 1571), la prise

de Famagouste faisait définitivement passer l'île sous la
domination ottomane. J'ai ramassé dans les ruines mêmes
de Famagouste plusieurs exemplaires de ces pièces de nécessité.

Avant de quitter la numismatique des rois de Jérusalem,
je veux dire quelques mots de la monnaie anonyme publiée par M. de Saulcy[1], mais que ce savant n'a accom-
pagnée d'aucune explication, la pièce lui étant parvenue
après l'impression de son volume. Depuis la publication
de la première partie du présent travail, j'ai acquis un
nouvel exemplaire de cette rare monnaie et je vais en ha-
sarder l'explication.

En voici la description :

36. MONETA REGIS. Croix patriarcale à double traverse
accostée d'un A et d'un ω.

℞ + RЄX IЄRLM. Croix pattée. Denier de billon. (Pl. XV,
n° 4.)

En l'absence de tout nom propre, les considérations ti-
rées du style et de l'exécution, sont les seules qui puissent
nous guider. Au premier abord, l'aspect du droit fait penser aux premières années du xii° siècle : mais la comparaison du revers avec celui des deniers de Philippe-Auguste
ne permet guère de faire remonter au delà du règne de ce
prince la date de notre monnaie; c'est du moins l'avis de
M. de Longpérier dont chacun connaît l'autorité en pareille
matière. Or quelles sont à la fin du xii° siècle les circon-
stances historiques qui ont pu amener l'émission de monnaies anonymes? Ce n'est pas la régence de Raymond II

---

[1] *Numismatique des croisades*, pl. XIX, n° 6.

de Tripoli pendant la minorité de Baudouin V (1186), car nous savons que l'usage d'outre-mer était de mettre le nom des régents sur la monnaie; il faut chercher ailleurs. Or voici ce que je trouve dans l'histoire de la troisième croisade.

Guy de Lusignan, devenu roi par suite de son mariage avec Sibylle, fille d'Amaury Ier et mère de Baudouin V (1186), avait rencontré une très-vive opposition. La mort de Sibylle (1190) en créant des droits sérieux au profit de sa sœur cadette Isabelle, vint donner de la force à ses ennemis. La reine-mère, remariée à Balian d'Ibelin, une partie du clergé et de la noblesse française, les Pisans auraient préféré voir la couronne sur la tête du vaillant marquis de Tyr, Conrad de Montferrat; par leurs intrigues ils arrivèrent à faire rompre le mariage d'Isabelle et d'Humfroy de Thoron, et Conrad, devenu l'époux d'Isabelle, fut regardé, par la moitié de la nation, comme le roi légitime de Jérusalem.

Il y eut alors deux royautés et deux cours, l'une dans les murs de Tyr, l'autre dans le camp devant Acre, seul territoire de Guy de Lusignan. Sur ces entrefaites arrivèrent Richard Cœur-de-lion et Philippe-Auguste, amenant deux armées au secours des chrétiens d'outre-mer. Guy s'empressa de les prendre pour juges du différend : sans se prononcer sur le fond même du débat, les rois alliés décidèrent que provisoirement aucun des deux compétiteurs ne jouirait des priviléges royaux, et que les ordres militaires du Temple et de l'Hôpital seraient chargés de percevoir les revenus de la couronne[1]. Cet état de choses dura jusqu'à l'assemblée du 28 juillet 1191, tenue après la

---

[1] Mas Latrie, *Hist. de Chypre*, I, p. 27.

prise d'Acre, et qui confirma les droits du roi Guy. Mais la présence et les exploits de Richard Cœur-de-lion, la popularité croissante de Conrad, les querelles locales, ne permirent pas à Guy de jouir de son triomphe : quelques mois après l'assemblée d'Acre, une autre assemblée donnait la couronne à Montferrat, tandis que Lusignan se retirait dans l'île de Chypre, dont il avait acheté la souveraineté aux Templiers (1192). Le jour même où il recevait les députés de Richard, le roi Conrad de Montferrat fut assassiné, et la couronne passa à Henri de Champagne avec la main d'Isabelle.

Si nous considérons toute cette histoire au point de vue numismatique, nous voyons qu'il y a une période à laquelle peut appartenir la monnaie anonyme qui nous occupe, c'est la période pendant laquelle la royauté restant indécise entre Guy et Conrad, les droits régaliens furent officiellement exercés par les ordres militaires. Mettre le nom d'un des compétiteurs sur la monnaie, c'eut été trancher la question que les rois alliés voulaient laisser en suspens ; mettre les deux noms eut été contraire au droit, car en droit il n'y avait qu'un roi de Jérusalem ; il est naturel de penser que l'on frappa au nom de ce roi quel qu'il fût, en laissant à chacun le soin d'appliquer la légende suivant ses sympathies. Si cette conjecture est vraie, le type si insolite de notre pièce pourrait s'expliquer à son tour.

Les sceaux de l'ordre de l'Hôpital nous montrent le grand maître agenouillé devant une croix [1] : cette figure a servi de modèle aux monnaies frappées par l'ordre lorsqu'il devint souverain de l'île de Rhodes. La croix est à double traverse, et sur les plus anciens monuments, c'est-à-dire

---

[1] Paoli, *Codice diplomat.*, pl. VIII.

sur les sceaux des xıı° et xııı° siècles et sur le gros de
Foulques de Villaret, elle est accostée de l'*alpha* et de
l'*oméga*, et absolument semblable à celle qui se voit sur
notre monnaie [1].

Si donc la monnaie a été frappée au camp devant Acre,
et dans les conditions que nous avons expliquées, le type
de la croix serait la trace de la part provisoire prise par
les Hospitaliers dans l'exercice des droits régaliens.

La ressemblance du revers avec les deniers de Philippe-
Auguste s'expliquerait d'autant plus facilement que le roi
pouvait avoir été suivi en Palestine par quelques-uns de
ses monnayers. Enfin, il me paraît évident qu'une mon-
naierie a dû être installée dans le camp devant Acre : ce
camp, entouré de palissades fortifiées, était une véritable
ville; on y trouvait des églises de bois, des marchés; il s'y

[1] Nous avons cru utile d'ajouter ici le dessin du gros de Foulques de Villaret,
qui n'a paru encore dans aucun recueil français : nous avons déjà fait ressortir l'importance numismatique de cette pièce : c'est avec le gros d'Amaury
de Tyr, publié plus haut, n° 14, la dernière imitation faite en Orient du *gros
tournois*, type remplacé par celui des *gigliati*.

+ FR.FVLChO.D.VILLRTO.DI.GR., et dans l'intérieur : IRL.€. Foulques agenouillé devant un calvaire, accosté des lettres A et ꞷ).

ɴ/ + MRO.hOPITALI 9VET.SCI.IOhI :. + Seconde légende : + IhE.
RIL'RODI. Croix. — ꞉ℛ.

Cette pièce est tirée des *Notices of remarkable mediæval coins mostly un-
published*, by John Linsay. Cork, 1849, in-4°, pl. III, n° 48.

donnait des fêtes, des tournois; les vaisseaux de l'Europe y apportaient journellement des approvisionnements et des marchandises; là s'était réfugié ce qui restait de la société civile, religieuse et militaire de Jérusalem; c'était le royaume tout entier avec les débris de ses services publics. Le principal, pour ne pas dire le seul revenu de ce petit État provenait des droits de douane acquittés par les vaisseaux et leurs cargaisons, des tarifs et taxes des marchés; pour l'acquittement de ces droits et la possibilité des transactions il fallait un numéraire abondant, et nul doute que les ordres militaires aient été préposés au monnayage des espèces nécessaires, comme à la gestion des finances.

Pour toutes ces causes, il est permis de penser que le petit denier anonyme qui nous occupe a été frappé pendant l'année 1190-1191 dans le camp devant Saint-Jean d'Acre.

II.

Grands feudataires du royaume.

Le nombre des monnaies baronales ne s'est pas assez augmenté depuis la publication de M. de Saulcy pour qu'il soit nécessaire de passer en revue chacune des séries : je me contenterai donc de décrire isolément les monnaies inédites que j'ai rapportées de Syrie, et qui, pour la plupart, ont été recueillies par M. Pérétié.

BERTRAND, COMTE DE TRIPOLI (1109-1112).

+ BERTR.NDVS CO(*mes*). Croix.

℞ + TRIPOLIS CIVI. Dans le champ, les lettres TAS, fin du mot *civitas*, accompagnées de quatre points. Denier d'argent. (Pl. XV, n° 5.)

Je n'ai pas besoin de faire ressortir l'importance de cette pièce, la plus ancienne monnaie d'argent des croisades qui soit parvenue jusqu'à noùs. Elle prouve que les croisés transportèrent en Orient leurs habitudes monétaires, en même temps qu'ils transportaient les habitudes politiques et militaires de la société féodale. Le monnayage d'argent était le seul usité en Occident; il fut continué en Orient, sans modification aucune, sans trace d'influence locale, tandis que le monnayage d'or et de cuivre restait conforme au système byzantin ou arabe. Le denier de Bertrand de

Tripoli est calqué sur les deniers de son comté de Toulouse [1].

Bertrand, fils de Raymond de Saint-Gilles, comte de
Toulouse, ne vint en Terre Sainte qu'en 1108 : son père,
l'illustre vétéran de la première croisade, avait en vain
essayé de se créer une principauté indépendante sur les
côtes de Phénicie, il avait échoué devant Tripoli, et était
mort (1105) en tombant du toit du château qu'il s'était fait
construire en vue de la ville imprenable. Bertrand, amené
par une flotte génoise, reprit l'œuvre paternelle ; il s'empara
d'abord de Djebeïl (Byblos), puis avec l'aide de Baudouin,
roi de Jérusalem, il assiégea et emporta Tripoli (1109) : un
grand fief formé du riche territoire de la ville auquel on
ajouta ceux des villes de Djebeïl, Archas, Tortose, lui fut
donné par le roi ; il prit part à la prise de Beyrouth, de
Sidon, à la défense de la principauté d'Antioche, et mourut en 1112, laissant son comté à son fils Raymond.

BOÉMOND IV D'ANTIOCHE, COMTE DE TRIPOLI (1209-1233).

⊹ BAMVND COMS. Croix cantonnée de besants au
deuxième et au troisième cantons.

℞ ⊹ CIVITAS TRIPOL'. Étoile à huit rais cantonnée
d'annelets. Billon. (Pl. XV, n° 6.)

La descendance directe des comtes de Saint-Gilles s'éteignit en la personne de Raymond II, mort en 1187, peu
après la fatale bataille de Tibériade. Le comte mourant
avait désigné pour son successeur son filleul Raymond, fils

1 Voyez particulièrement le denier de Bertrand publié dans cette *Revue*
(1859, pl. XVI, 6) par M. Gayraud de Saint-Benoît ; tout est identique, jusqu'à la disposition en triangle des lettres complémentaires placées dans le
champ.

de Boémond III, prince d'Antioche. Celui-ci gouverna le comté de Tripoli sous le nom de Raymond III jusqu'en 1200. Il mourut laissant un enfant mineur, Raymond Rupin, sous la tutelle de son frère aîné, Boémond IV, d'Antioche. Boémond ne songea qu'à se débarrasser de son pupille afin de réunir dans ses mains les deux fiefs d'Antioche et de Tripoli. Après une lutte qui dura dix-neuf ans avec des chances diverses, il parvint à ses fins. Je lui attribue la monnaie précédente qui est absolument identique aux monnaies de Raymond III (Saulcy, *Numismatique des croisades*, pl. VII, n°s 13, 14, 15), avec cette seule différence que le nom *Ramundus* est remplacé par *Bamundus* ou plutôt *Bamund* en français.

A l'histoire de Tripoli se rattache un curieux passage de l'historien Raymond d'Agiles. Lorsque la grande armée des croisés, en marche vers Jérusalem, passa devant Tripoli, le 13 mai 1099, l'émir de cette ville acheta la neutralité au prix de présents magnifiques, parmi lesquels se trouvaient 15,000 pièces d'or sarrasines : le chroniqueur ajoute « que chaque pièce d'or valait 8 ou 9 *sous* de la monnaie des « chrétiens, et que les espèces en usage dans l'armée étaient « les monnaies du *Poitou*, de *Chartres*, du *Mans*, de *Lucques*, « de *Melgueil*, chaque pièce valant deux *pougeoises* [1]. » Le mot *solidus* désigne ici la monnaie de compte valant 12 deniers d'argent pesant environ 1^{gr},00, ce qui donnerait environ 100 grammes d'argent pour la valeur du *dinar* arabe. Il s'agit des dinars frappés par les Fatimites, qui alors régnaient en Égypte et avaient dominé en Syrie pendant une grande partie du xie siècle [2].

---

[1] Bongars, *Gesta dei per Francos*, p. 165.

[2] Le dinar des Fatimites du xie siècle pèse de 4 grammes à 4^{gr},40, or à bon

On trouve souvent en Syrie les deniers chartrains, les *paugeuises* de Lucques, laissés dans le pays par les premiers croisés ; j'en ai rapporté un assez grand nombre.

ROGER, RÉGENT D'ANTIOCHE (1112-1119).

+ RVGGVB... (*Rugerius Gubernator...*). Croix cantonnée de besants.

ꝶ + PRINCEPS rétrograde. Fleur de lis cantonnée de besants ; denier de billon. (Pl. XV, n° 7.)

Après le denier de Bertrand de Tripoli, celui-ci est le plus ancien denier des croisades que je connaisse : comme le précédent, il est frappé dans le système français.

Jusqu'à présent on n'avait de ce prince que les grossières monnaies de cuivre d'imitation byzantine : la plupart de ces pièces sont surfrappées sur des monnaies des empereurs d'Orient : j'en ai rapporté une (pl. XV, n° 8) qui porta encore au revers la légende de Léon VI le Sage : + LEON E(ΠΘΕΟ) BASILEVS ROMEON [1], à peine effacée par le cavalier de Roger, et au droit un mélange des traces de la légende circulaire primitive LEON BASILEVS ROM[EON] et des lettres mal venues de la légende de Roger [P]OTZEP—Π]ΡΙΓΚΙΠ—ANTI[OX]. Léon VI régnait de 886 à 912, c'est-à-dire deux siècles avant Roger. Ce fait prouve que les monnaies de cuivre byzantines avaient cours en Orient longtemps après leur émission.

Le denier de Roger jette un peu de lumière sur la nu-

titre (13 fr. à 14 fr. 80 c. de notre monnaie) ; 100 grammes d'argent vaudraient aujourd'hui 20 fr., mais il s'agissait alors de monnaies d'argent très-bas de titre.

[1] Saulcy, *Numismatique byzantine*, pl. XIX, n° 10. — Sabatier, *Monnaies byzantines*, t. II, pl. XLV, n° 13, 14.

mismatique de la principauté d'Antioche. Il nous permet
de classer à la régence de ce prince et aux régences sui-
vantes les pièces anonymes décrites par M. de Saulcy
(*Num. des crois.*, pl. IV, n°° 7, 8, 9. 10), et surtout celle
à la légende PRINCEPS rétrograde. Il nous permet ensuite
de distinguer entre Boémond III et Boémond IV.

Je propose d'attribuer au premier de ces princes les deniers à la fleur de lis dont les types sont identiques à ceux
du denier de Roger et qui ont pour légendes +BOAMVNDVS.
ꝶ +ANTIOCHIA (Saulcy, *ibid.*, pl. IV, n°° 3, 4, 5).

J'attribuerais alors à Boémond IV toutes les pièces qui
portent au droit une tête de profil, soit nue, soit couverte
d'un casque à nasal (Saulcy, *ibid.*, pl. III, n°° 11, 12. 13).
Ces monnaies étaient frappées à Antioche pendant qu'à Tripoli l'usurpateur imitait les deniers raimondins. D'après ce
système, il faudrait donner à Boémond III la pièce inédite
suivante :

+ BOAMVNDV, entre deux grènetis ; au centre, B.

ꝶ + AN(TIOCHIE)?, entre deux grènetis. Croix. Denier
de billon. (Pl. XV, n° 9.)

JAFFA.

ꝶ +°IOPPENSIS°. Édifice dans le genre de la porte Génoise.

+ °DENARIVS°. Croix. Denier de billon. (Pl. XV,
n° 10.)

Cette curieuse monnaie appartient par le style à la fin
du xii° siècle ou au commencement du xiii°.

Le comté de Jaffa relevait du royaume proprement dit ou
domaine réservé au roi de Jérusalem : il fut donné vers 1115
par Baudouin du Bourg à Hugues de Puyset, «le plus grand

brigand et pillard de son temps,» dit Suger, chassé de France à la suite de ses démêlés avec Louis le Gros et de l'assassinat d'Anseau de Garlande. A la mort de Hugues, le comté fut occupé quelques années par Albert, frère du comte de Namur, puis le roi Foulques d'Anjou le rendit à Hugues II, fils de Hugues de Puyset (1131). On peut lire dans Guillaume de Tyr (XIV, 15) la tragique histoire du comte de Jaffa, accusé de relations coupables avec la reine Mélissende, appelé en combat singulier par son beau-fils Gauthier de Césarée, perdant la tête et allant demander aux Musulmans d'Ascalon secours contre le roi de Jérusalem, puis après une année de luttes criminelles, assassiné par un soldat breton et allant mourir en Sicile.

En 1178, le roi Amaury Ier donna le comté de Jaffa à sa fille Sibylle, qui l'apporta successivement à ses deux maris, Guillaume de Montferrat et Guy de Lusignan. Prise par Saladin en 1187, reprise par Richard Cœur-de-Lion en 1192, la ville fut donnée au frère du roi, Geoffroy de Lusignan, qui la céda à son frère Amaury (1191), lequel à son tour l'abandonna au roi Henri de Champagne (1194) pour monter sur le trône de Chypre. Trois ans après, la ville de Jaffa fut reprise par Malek-Adhel, qui la rendit aux chrétiens en 1205. Jean de Brienne, devenu roi de Jérusalem par son mariage avec Marie de Lusignan, fille d'Amaury II, donna le comté de Jaffa à son neveu Gauthier IV de Brienne dit le Grand : celui-ci épousa, en 1233, Marie de Lusignan, fille de Hugues Ier, roi de Chypre; il fut fait prisonnier par les Kharismiens à la bataille de Gaza (1244) : mis en croix devant sa propre ville, il refusa d'engager les habitants à se rendre et alla mourir au Caire.

Le roi de Chypre, Henri Ier, donna alors le comté de Jaffa à Jean II d'Ibelin, seigneur de Beyrouth, connu par la

rédaction qu'il fit des *Assises de Jérusalem*. Il mourut en
1264. Deux ans après, la ville de Jaffa tombait entre les
mains du féroce Bibars, et était définitivement perdue pour
les chrétiens.

Le denier de Jaffa que nous venons de décrire doit av r
été frappé sous Henri de Champagne ou sous Jean de
Brienne.

BEYROUTH.

M. de Kœhne a le premier fait connaître le denier frappé
à Beyrouth par Jean I d'Ibelin [1]. J'en ai trouvé depuis des
exemplaires mieux conservés dont la légende est complète.

+IOhANNES. Croix cantonnée d'un annelet aux deuxième
et troisième cantons.

ᴙ + D9 BERITI (*Dominus Beriti*). Porte crènelée.

La Bibliothèque impériale en possède un bel exemplaire.

Voici de nouvelles pièces de Beyrouth :

+ [DE B]ERITO, entre deux grènetis. Porte crènelée.

ᴙ Pas de légende. Sorte d'ornement natté dans le goût
arabe. Denier de cuivre presque pur. (Pl. XV, n° 11.)

+ [DE BA]RVTh. Mêmes types, seulement la légende est
en français comme sur un grand nombre de pièces des
croisades. (Pl. XV, n° 12.)

Ces deniers anonymes ont été frappés pendant le
XIII° siècle.

La seigneurie de Beyrouth, reprise aux Sarrasins en 1198,
fut donnée par le roi Amaury II de Lusignan à Jean d'Ibelin,
son beau-frère utérin [2], connu sous le nom du *vieux sire de*

---

[1] *Blatter für Munzkunde*, 1846, t. I, pl. I, n° 2.

[2] Il était fils de Marie Comnène, veuve du roi Amaury Ier, et de Balian
d'Ibelin, et par conséquent frère utérin de la reine Isabelle.

3

Beyrouth, bailli ou régent du royaume à la mort du roi : véritable type du chevalier chrétien, brave comme son épée, *beau parleur*, dévoué jusqu'à la mort à la maison de Lusignan pour laquelle il donna son sang et celui de ses enfants, la défendant, de concert avec son frère Philippe, contre les Sarrasins, contre les prétentions rivales de Frédéric II, contre les insurrections des barons, et contribuant plus que tout autre à l'établir sur le trône de Chypre : il mourut en 1236.

Balian d'Ibelin, l'aîné de ses cinq fils, connétable du royaume, lui succéda dans la seigneurie de Beyrouth : il acheva l'œuvre de son père en expulsant complétement les Impériaux, et mourut sans enfants en 1247.

La seigneurie passa alors à son cousin germain Jean II, le *jurisconsulte*, fils de Philippe, déjà comte de Jaffa; celui-ci mourut en 1264 ne laissant que deux filles; l'ainée Isabelle, dame de Beyrouth, sut conserver son fief en le mettant sous la protection de Bibars, elle mourut vers 1280 sans avoir eu d'enfants de ses quatre maris[1]; sa sœur Eschive d'Ibelin, héritière de ses droits, les apporta à son mari Humfroy I de Montfort, seigneur de Tyr et de Thoron, qui fut, je crois, le dernier seigneur français de Beyrouth.

Il est difficile de dire quel est celui de tous ces princes qui fit frapper les deux pièces dont nous donnons ici la gravure, mais il est certain qu'elles appartiennent à la famille d'Ibelin, la plus illustre, après les maisons souveraines, de toutes celles qui honorèrent le nom français pendant la période des croisades.

---

[1] 1° Le roi Hugues II de Lusignan ; 2° Edmond l'Étranger, seigneur anglais ; 3° Nicolas l'Aleman, seigneur de Césarée ; 4° Barlas.

III.

Grands maîtres de Rhodes.

M. de Longpérier terminant dans la *Revue* de 1859 un
intéressant article dans lequel il décrivait les monnaies inédites de l'ordre de Saint-Jean recueillies par M. Lampros,
disait : « Il ne manque plus à cette série que les pièces
« frappées par Robert de Juilly, Philibert de Naillac, Pierre
« Raimond Zacosta, et Guy de Blanchefort. » Sur ces
quatre lacunes nous pouvons en remplir trois, et donner
en outre quelques variétés nouvelles de grands maîtres
déjà connus.

ROBERT DE JUILLY (1374-1376).

+ F.ROBERTVS.D:GVL..CO.DGRA M. Robert agenouillé
devant un calvaire. Dans le champ, écu aux armes de
Juilly, qui sont d'argent, à la croix fleurdelisée de gueules,
chargé en chef d'un lambel de cinq pendants (la médaille
ne porte que trois pendants).

℞ +OSPITAL.S IOhS.IRLM.QTS.ROD'. Croix fleuronnée
terminée par les écus de la religion (de gueules à la croix
d'argent). Gigliato. Poids, 3^{gr},85. (Pl. XVI, n° 13.)

Dans l'article précité, M. de Longpérier a démontré que
le nom de ce grand maître était *Juilly* et non *Julliac*, comme
on l'écrit ordinairement. Il était seigneur de Juilly et de
Claye, près de Meaux, ainsi qu'il résulte des termes d'une
charte française dont le savant académicien a publié la
teneur.

Le British Museum possède un très-bel exemplaire de cette rare monnaie : le nom du grand maître est entier. La légende complète est donc : *F. Robertus de Guliaco, Dei gratia Magister Ospitalis S. Iohannis Ierosolymitani conventus Rodi.*

JEAN-FERNANDEZ DE HEREDIA (1376-1399).

+F IOhЄS:FЄRANDI.DЄI GRA.MA. Le grand maître agenouillé, etc. Dans le champ un G, et au-dessus une tour, emblème emprunté à l'écu d'Heredia, qui est chargé de cinq tours, tel qu'on peut le voir sculpté au-dessus d'une des portes de la ville de Rhodes.

℞ +OSPITAL.SIOHS... ORODII. Croix fleuronnée, etc. Poids, 1ᵉʳ,25. Argent. (Pl. XVI, nᵒ 14.)

Cette pièce est une division du gigliato.

Les beaux gigliati bien conservés pèsent, en moyenne, 3ᵉʳ,75 : c'est donc le tiers.

Sur toutes les monnaies de ce grand maître parvenues à notre connaissance, le nom est toujours écrit Johannes Ferandi ; de même que l'on voit sur la monnaie de Raymond Bérenger Raymundus Berengarii [1]. On sait que Fernandez est un génitif de Fernando, comme Velazquez de Velasco, Rodriguez de Rodrigo [2]. On sait aussi que Fernande est une ancienne forme très-usitée de Fernando, aussi bien que Ferran :

Ferran Gonzalez a Pero Bermuez el escudo l' pasó [3].

Il en résulte que Ferandi est la traduction latine très-

---

[1] Voir *Revue num.*, 1859, p. 213.

[2] Voy. la remarque faite à ce sujet *Revue num.*, 1858, p. 95, note 1.

[3] *Poema del Cid*, éd. de Damas-Hinard, in-4°, 1858, p. 240, vers 3638.

exacte de Fernandez. C'est un nom patronymique formé à
l'aide du génitif d'un prénom, comme tant d'autres noms
de France, d'Espagne ou d'Italie.

Je n'ai pas à rappeler ici la brillante carrière de Jean
Fernandez de Heredia, longtemps gouverneur d'Avignon,
dont il fit construire les célèbres fortifications; mêlé à
toutes les affaires diplomatiques ou militaires de l'époque,
tantôt sauvant le roi de France à la bataille de Crécy, tantôt ramenant dans Rome le pape Grégoire XI, ou enlevant
Patras d'assaut; prisonnier des Turcs, racheté par sa famille qu'il avait enrichie, grand maître aussi austère, aussi
désintéressé et aussi habile qu'il avait été grand prieur
insoumis, cupide et ambitieux.

Philibert de Naillac (1399-1421).

Gigliato. Types ordinaires.
+ F.PhÏB.D.. LACO. MGI.
℟ hOSPITA.S.IOAN.....RII.
Poids, 3ᵍʳ,65 (Pl. XVI, n° 15.)

Le grand maître est reconnaissable non-seulement aux
traces de son nom, mais à ses armoiries placées dans le
champ du droit : un écu chargé de deux lions passants.

Le Cabinet de France possède un exemplaire assez mal
conservé de cette pièce.

Philibert de Naillac était Français, comme la plupart
des grands maîtres de Rhodes; d'une maison de Langue-
doc, il avait été grand prieur d'Aquitaine avant d'être élevé
à la dignité suprême de l'ordre. Son magistère fut un des
plus longs et des plus prospères. Philibert assista en personne à la bataille de Nicopolis, aux courses heureuses que

les chevaliers firent sur les côtes de Phénicie, fonda le château d'Halicarnasse, bâtit la célèbre tour qui dominait encore
il y a quelques années l'entrée du port de Rhodes, rétablit
la paix et la concorde entre les diverses fractions de l'ordre.
Il obtint du soudan d'Égypte quelques concessions rela-
tives aux saints lieux, telles que le droit de faire réparer
le saint Sépulcre et d'entretenir dix chevaliers à Jérusalem
pour la protection et la réception des pèlerins catholiques;
mais avant de mourir, il put voir le progrès de la puis-
sance ottomane, et mesurer les dangers qu'elle préparait à
ses successeurs.

JACQUES DE MILLY (1454-1461).

Au sequin déjà connu de ce grand maître, je viens ajouter un aspre de ma collection.

+[F.IACOBV]S.DG.MILI.DG..... Le grand maître agenouillé. Dans le champ, un B.

R) OSPITALIS...... Saint Jean en buste de face nimbé,
tenant dans la main gauche un *agnus dei* et un drapeau.
Poids, 1ᵉʳ,90. (Pl. XVI, n° 16.)

Cette pièce est semblable aux aspres de Jean de Lastic,
prédécesseur de Jacques de Milly. Le type de saint Jean
adopté alors s'est perpétué avec des modifications diverses
jusqu'à la chute de l'ordre.

GUY DE BLANCHEFORT (1512-1513).

+GVY:DG:BLANCHEFORT. Écu écartelé des armes de
la religion et de celles du grand maître; deux léopards
passants.

℞ + IN HOC SIGNO : VINCES. Écu de l'ordre de saint Jean. Cuivre.

Cabinet de France. (Pl. XVI, nº 17.)

Cette petite monnaie est la seule qui soit parvenue jusqu'à nous : il est probable que l'émission des monnaies pendant le court magistère de Blanchefort fut très-restreinte, et que ses pièces resteront toujours très-rares.

L'usage d'écarteler les armes du grand maître de celles de la religion commence avec Pierre d'Aubusson (1476-1503). A la même époque, les commandeurs chargèrent leur écu en chef de la croix de l'ordre : on trouve sur les maisons de la ville de Rhodes de nombreux exemples datés de ces deux usages. C'est à la présence de cette croix sur la monnaie que fait allusion la légende : *In hoc signo vinces.*

Guy de Blanchefort était en Italie quand, à la mort d'Émery d'Amboise, il fut élevé à la dignité de grand maître. Retenu quelque temps à Rome par le pape Jules II, il ne put se rendre à son poste; il mourut en route à Zante avant d'avoir atteint Rhodes : mais il avait longtemps séjourné dans l'île, et y avait rendu d'éclatants services. Neveu de Pierre d'Aubusson, il avait pris une part active aux combats et à l'administration du célèbre grand maître. J'ai retrouvé la maison qu'il habitait alors dans la ville des chevaliers, non loin de l'arsenal : on lit au-dessus de la porte cette inscription :

Ce au barones le g. priors. Frs. Guys de Blanchefort. 1497, et à côté le léopard héraldique des armes du chevalier; il était alors grand prieur d'Auvergne.

IV.

Les deux sceaux de plomb gravés sur nos planches à la suite des monnaies se rattachent indirectement à la numismatique des croisades, et auront, j'espère, quelque intérêt pour le lecteur : ils proviennent l'un et l'autre de la côte de Syrie.

Le premier a appartenu à l'archevêque latin de Nazareth Léthard, qui occupa le siége épiscopal de 1158 à 1190, après avoir été prieur des chanoines prémontrés qui desservaient la cathédrale : « Homme doux, affable et bon, » dit Guillaume de Tyr (XVIII, 22), il ne joua pas de rôle politique et mourut au camp devant Acre.

+ LETHARD' NAZARHET ARCHEP'. Buste de Léthard, mitré, bénissant de la main droite et tenant sa crosse de la main gauche.

℞ + AVE MARIA GR. PLEN. DOMINVS TECV̄. Salutation angélique : la Sainte Vierge debout, les mains étendues comme une *orante*; l'ange Gabriel tenant à la main une branche (de lis)? Plomb. (Pl. XVI, n° 18.)

Voici la description de la seconde bulle. (Pl. XVI, n° 19.)

+ S SCE MARIE MONTISGAVDII. Buste de la Sainte Vierge.

℞ + DE IERVSALEM DE OFRIB ENSIS. Épée posée en pal, la pointe en bas.

Sigillum Sanctæ Mariæ Montisgaudii de Jerusalem de Confratribus Ensis.

Mons Gaudii, le Montjoie est une colline assez haute,

située à trois lieues environ au nord-ouest de Jérusalem, et du sommet de laquelle les pèlerins apercevaient pour la première fois les murs de la ville sainte ; la tradition place en ce lieu le tombeau du prophète Samuel. Vers 1150, les Prémontrés y bâtirent un couvent nommé « Saint-Samuel du Montjoie, » et dont les ruines portent aujourd'hui le nom de *Neby-Samouil*[1]. Notre bulle nous apprend qu'il y avait en outre sur la même colline une *confrérie de l'Épée*, sous l'invocation de la Sainte Vierge. Cette confrérie donna sans doute naissance à l'ordre militaire du *Montjoie*, sur lequel les historiens nous ont transmis quelques rares renseignements. Suivant Mennenius[2] et le P. Hélyot[3], il fut fondé, à l'imitation des Templiers, pour la protection des pèlerins, et confirmé par une bulle d'Alexandre III, en 1180. Les chevaliers portaient un habit blanc, avec une étoile rouge à cinq rais (d'autres disent une croix de Templier). Chassés de Palestine en 1187, ils se réfugièrent en Espagne où Alphonse IX, roi de Castille, leur donna le château de Montfrac ; mais l'ordre déclina rapidement et fut incorporé, en 1221, par Ferdinand-le-Saint dans l'ordre de Calatrava.

Il n'est question de l'ordre du Montjoie dans aucun historien ou voyageur contemporain de sa courte existence ; devant ce silence notre bulle acquiert une certaine importance : elle nous donne le véritable nom des chevaliers ou *confrères de l'Épée* : peut-être leur souvenir s'est-il conservé dans le nom de l'ordre chypriote *de l'Épée* ou *du Silence*, fondé, dit-on, par Guy de Lusignan[4], et dans le

---

[1] Voy. nos *Églises de la terre sainte*, p. 339, 446.
[2] *Deliciæ equestr. ord.*, 86.
[3] *Hist. des ordres religieux*, I, XXXVII.
[4] Hélyot, *id.*, XXXVI.

titre de *Ensiferi* ou *Porteglaives* que prirent les chevaliers
Teutoniques lorsque, chassés, eux aussi, de Palestine, ils
transportèrent sur les rives de la Baltique les traditions de
la terre sainte.

JERUSALEM, CHYPRE.

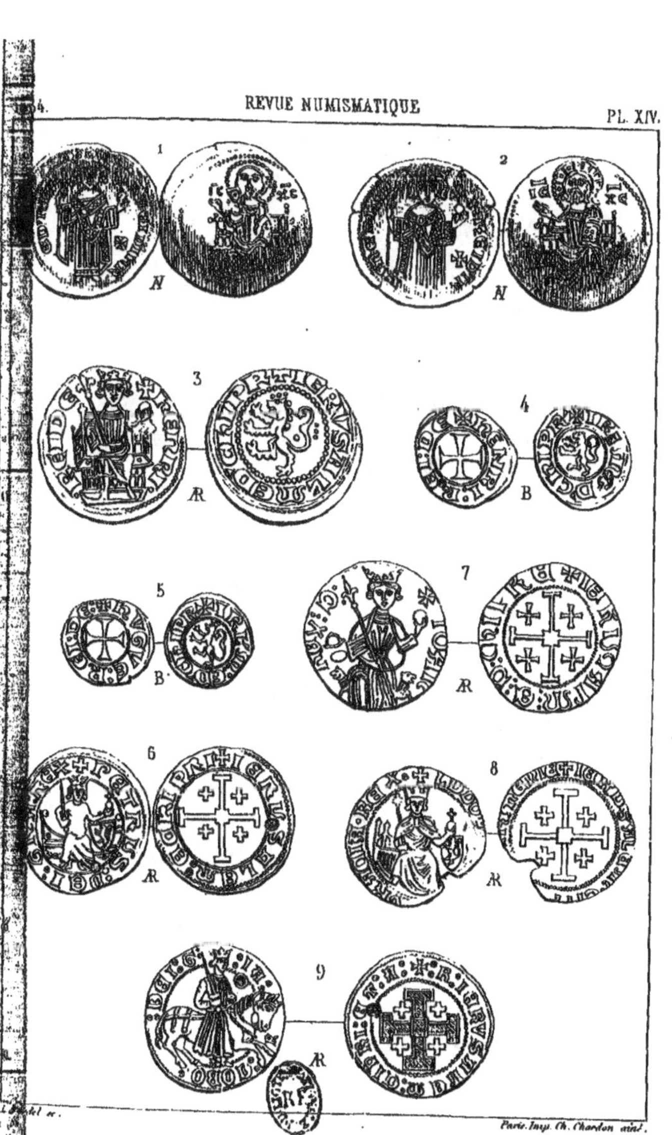

CHYPRE

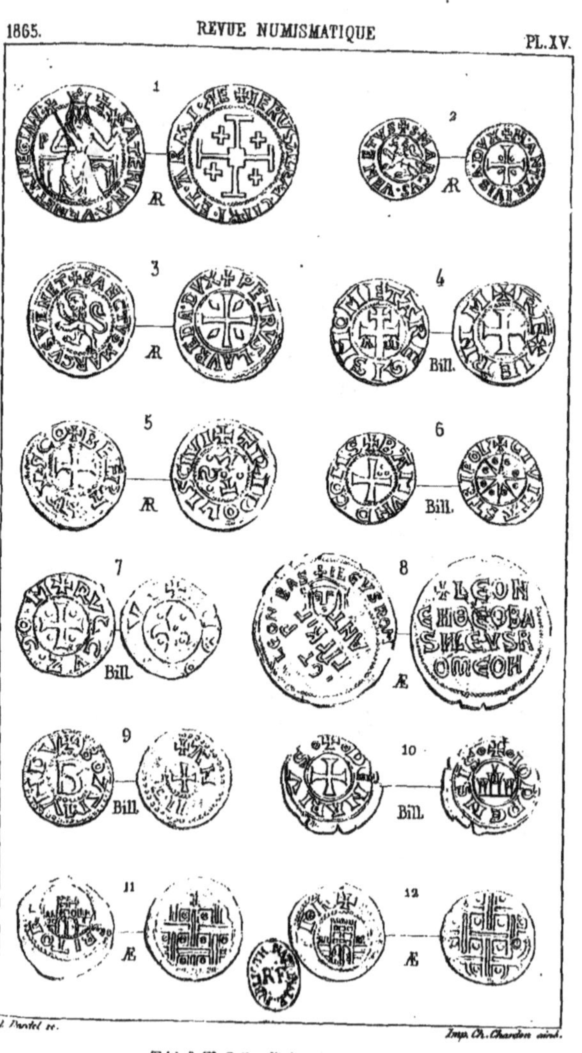

FRANCS D'ORIENT

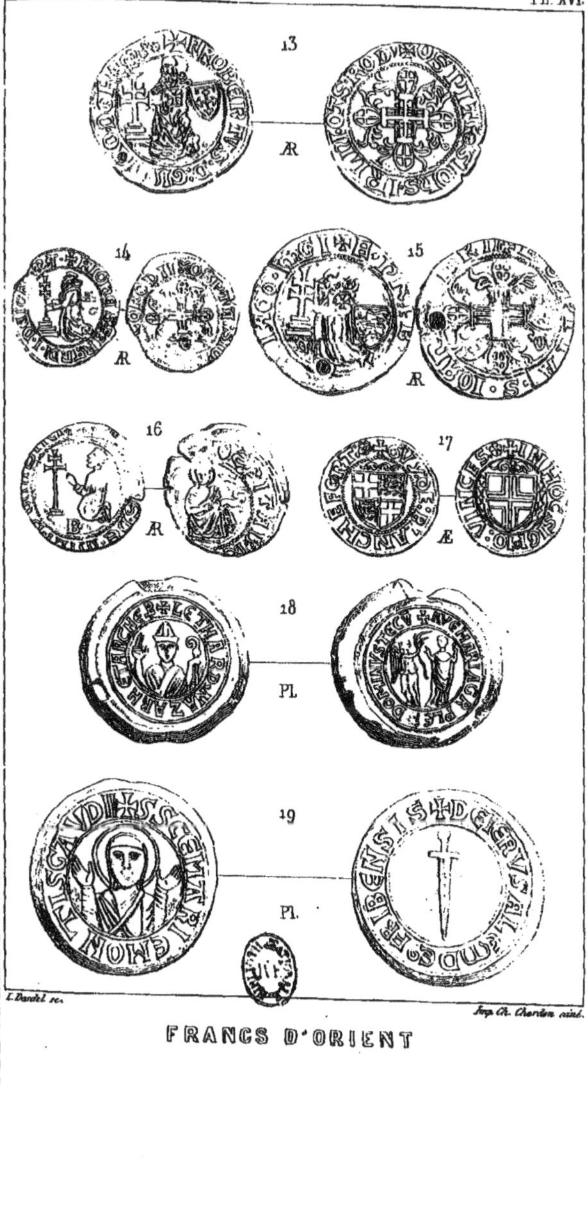

FRANCS D'ORIENT